まちごとアジア
ネパール 007

ルンビニ
ブッダ「生誕の地」
［モノクロノートブック版］

インド平原へ続くネパール南部に位置するルンビニ。ここは紀元前5世紀ごろ、「ブッダ(目覚めた人)」こと仏教の創始者ゴータマ・シッダルタが産声をあげた地で、仏教四大聖地のひとつとなっている(世界文化遺産にも登録されている)。

シッダルタの母マヤは、コーリヤ国から釈迦族の王族に嫁ぎ、その王城カピラヴァストゥで暮らしていた。胎内にシッダルタを宿したマヤ夫人は出産のために故郷コーリヤ国へ戻る途中、ルンビニ園に

立ち寄り、ここでシッダルタが生まれた。

　成長したシッダルタは29歳のとき、「生・老・病・死」という人間がさけられない運命からの解脱を求めて出家し、やがてブッダガヤで悟りを開くことになった。ブッダの教えは長い時間をかけてアジア全域に広まり（日本へは仏教誕生から1000年後伝わった）、現在、世界各地の仏教徒が「ブッダ生誕の地」ルンビニへ巡礼に訪れている。

लुम्बिनी विकास कोषका अध्यक्ष
विक्रम शाहबाट अन्तरराष्ट्रिय
शान्तिको प्रतीक यो अखण्ड दीप
२०४३ साल कार्तिक १५ गते रोज

THIS ETERNAL FLAME SY
CHAIRMAN OF THE LUMBINI DE
HIGHNESS PRINCE GYANEND
OCCASION OF THE INTERNATIO
1st OF NOVEMBER 1986.

Asia City Guide Production
Nepal 007
Lumbini
लुम्बिनी

| まちごとアジア | ネパール 007 |

ルンビニ

ブッダ「生誕の地」

「アジア城市（まち）案内」制作委員会
まちごとパブリッシング

まちごとアジア
ネパール 007
ルンビニ

Contents

ルンビニ ... 007

ここでブッダが生まれた ... 015

ルンビニ城市案内 ... 025

釈迦族の王城カピラ城 ... 041

カピラ城城市案内 ... 047

スノウリ城市案内 ... 055

四大聖地とブッダの肖像 ... 065

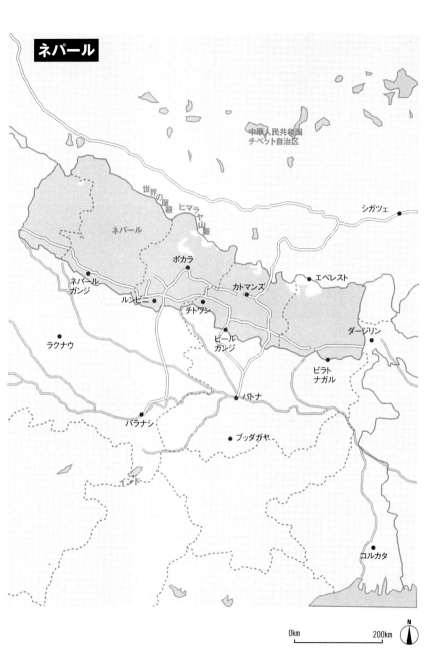

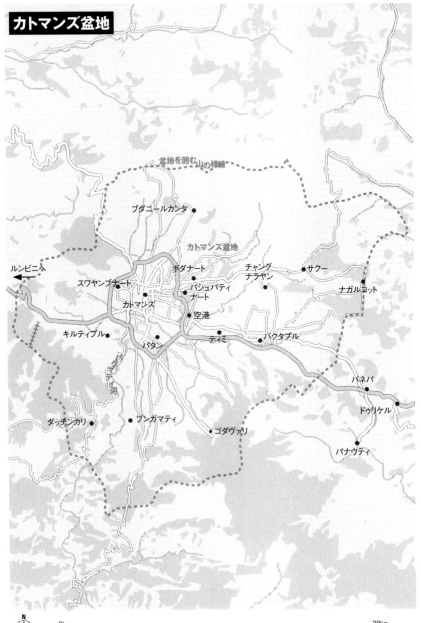

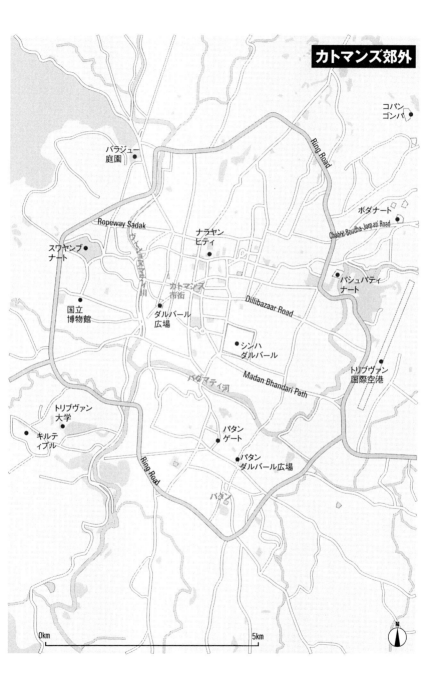

Introduction
ここでブッダが生まれた

マヤ夫人が無憂樹に手を伸ばしたとき
ブッダはその右脇腹から誕生した
生まれたばかりのブッダは7歩歩いて「天上天下唯我独尊」と唱えた

ブッダ生誕の地はネパール

　仏教はインドで生まれ、悟りを開いた「成道の地」ブッダガヤ、はじめて教えを説いた「初転法輪の地」サールナート、涅槃に入った「入滅の地」クシナガルのようにルンビニ以外の仏教聖地はインド領内に位置する。ブッダが生きた紀元前5世紀ごろ、ルンビニはインド世界の北端にあたり、ブッダの属する釈迦族はこのあたりを拠点としていた(お釈迦さまの愛称は、ブッダが釈迦族出身であることによる)。出家したブッダは南へ向かい、当時のインド世界の中心であるコーサラ国やマガタ国(現インドのウッタル・プラデーシュ州やビハール州)で活動した。その後、長い時間がたった後にインドとネパールの国境線がひかれ、ルンビニはネパール領内に組み込まれることになった。

ブッダ降臨、マヤに宿った生命

　ブッダが生きた時代のインド、釈迦族は大国マガタ国とコーサラ国のはざまにあって、隣国コーサラ国に従属していた。そんななか釈迦族の王シュッドーダナ(浄飯王)と王妃マヤは、釈迦族の未来をになう跡継ぎの王子の懐妊を待望

菩提樹の小陰に集まる人々　　　　ブッダが生まれた場所に立つ新マヤ聖堂

インドへ続くネパール南部のタライ平原に位置するルンビニ

していた。ある日、マヤが「6つの黄金の牙をもつ白象が自身の右脇に入る夢」を見ると、それこそはブッダ懐妊のお告げであると喜ばれた。こうしてマヤ夫人は出産のため、釈迦族の王城カピラヴァストゥから故郷のコーリヤ国に帰る途中のルンビニ園でブッダを産むことになった。

忘れ去られたルンビニ

インドでは伝統的に歴史を記すということが行なわれず、中国やローマとくらべても史実が曖昧なものとなっている（ブッダの生きた時代も推測）。紀元前、仏教はインド中に広がったが、やがてヒンドゥー教のなかに吸収され、仏教教団は13世紀のイスラム勢力の侵入でインド本国からはついえてしまった。ブッダはヴィシュヌ神の化身と見られ、ブッダが実在の人物であることや生誕の地ルンビニがどこにあるかも忘れ去られていた。このようななか、南アジアがイギリスの影響下となった19世紀末、マウリヤ朝アショカ王の石柱がルンビニ村から発見され、それが仏典を求めてこの地に旅をして記録を残していた中国の求法僧の記述とも一致した。こうしてブッダ生誕の聖地ルンビニが「発見」されることになった。

日本人による聖園地区のプラン

ブッダ誕生の聖地であるにもかかわらず、20世紀にはほとんどその面影がなくなっていたルンビニ。ブッダの生きた時代、美しい庭園だったというルンビニは、荒廃して土に埋もれ、アショカ王の建てた石柱と沙羅双樹の木が数本残っているだけだった。こうした状況のなか1967年、国連総長ウタントはこの地を訪れ、当時のネパール国王に開発

を働きかけた。ミャンマー人ウタントは敬虔な仏教徒で、荒廃した仏教聖地ルンビニの整備を決め、国連内に設けられた仏教国によるルンビニ開発委員会に日本も参加することになった。この地を「20世紀の視座から表現すべく」、国連がルンビニ開発のマスタープランを依頼したのが、日本人建築家の丹下健三。ブッダ誕生の聖地として、ルンビニには沙羅双樹や菩提樹が植えられ、転法輪を思わせる意匠をもつ聖園地区が完成した。

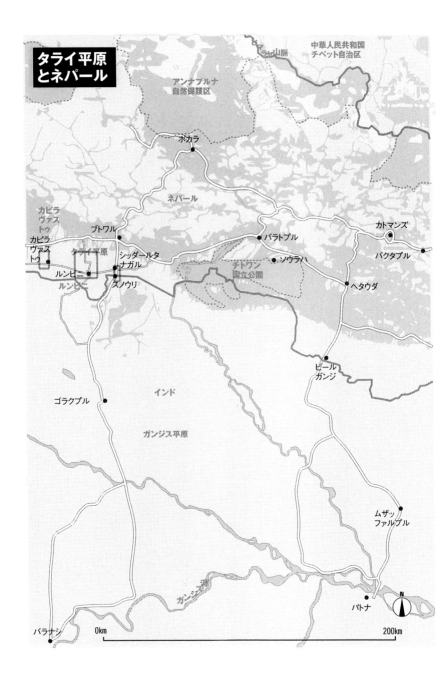

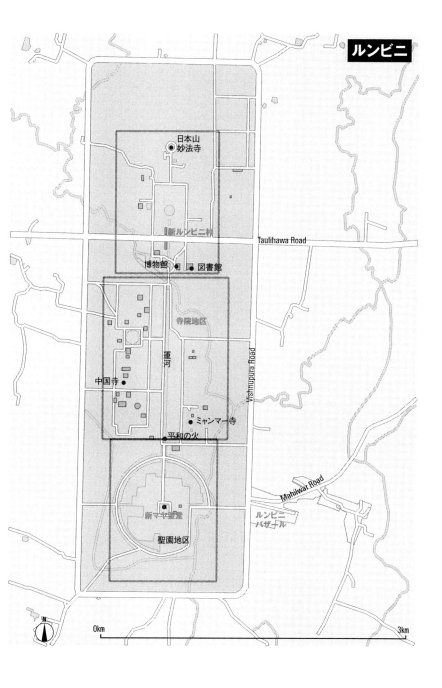

ルンビニ／ブッダ「生誕の地」

★★★
ルンビニ Lumbini
聖園地区 Sacred Garden Zone

★★☆
新マヤ聖堂 Maya Devi Temple
平和の火 Eternal Peace Flame
寺院地区 Monastic Zone
シッダールタナガル（バイラワ） Siddharthanagar
スノウリ Sunauli

★☆☆
新ルンビニ村（バザール） New Lumbini Village
日本山妙法寺 Japanese World Peace Pagoda
カピラヴァストゥ Kapilavastu
ブトワル Butwal

祠にかけられた5色のタルチョ

Lumbini
ルンビニ城市案内

20世紀後半になって整備が進んだ聖地ルンビニ
仏教国による寺院がならび
巡礼者の姿が見られる

聖園地区 ★★★
Sacred Garden Zone／पवित्र बगैचा जिल्ला

　日本の建築家丹下健三によるマスタープランのもと、1マイル(1.6km)四方の土地をさらに北にふたつつなげた広大な面積にルンビニ聖園地区が造営されることになった。このルンビニ聖園地区のプランでは、ブッダが誕生した位置(新マヤ聖堂)、アショカ王の石柱を中心にして円形の聖域がおかれ、そのまわりが池で囲まれた。さらにこの中心から道が北に伸び、東側に小乗仏教国、西側に大乗仏教国の寺院が配される寺院地区がおかれた。沙羅双樹や菩提樹の並木と、水の流れる空間が演出され、コンクリート製の建物の円形開口部は仏教の転法輪が意識されているという。博物館、図書館、研究所、視聴覚ホールなどをもつ文化センター、宿泊施設やサービス施設のある巡礼者村や学校、病院といった施設も同時につくられた。

新マヤ聖堂 ★★★☆
Maya Devi Temple　माया देवी मन्दिर

　ルンビニ聖園地区の中心、ブッダが誕生したまさにその場所に立つという新マヤ聖堂。ブッダの母マヤは、出産のために釈迦族の都カピラヴァストゥから故郷のコーリヤ国へ

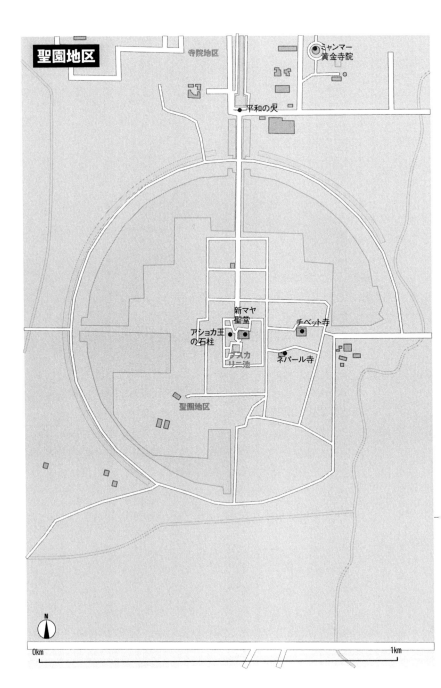

戻る途中、ルンビニ園に立ち寄った。新マヤ聖堂の場所に生えていた無憂樹にマヤが手を伸ばすと、右脇腹からブッダが誕生し、7歩歩いて「天上天下唯我独尊」と唱えたという（ブッダが右脇腹から誕生したというのは、バラモンは口、クシャトリヤは腕や胸、脇、ヴァイシャは腿、シュードラは足から生まれたというインドの古い考えにより、ブッダはクシャトリヤ階級だった）。

ブッダ誕生を示す石盤

　20世紀末、マヤがブッダを出産するときにつかんでいたという無憂樹は24mにまで成長し、その根でマヤ堂は倒壊の危機にひんしていた。こうして修復と考古学的発掘をかねた調査が行なわれ、そのなかで70×40cmの平面、10cmの厚さをもつ石がマヤ堂の真下から発見された。その石材はルンビニ近郊に存在しないことから、明確な意図をもってその石はおかれていた。近くに立つアショカ王碑文には、「ブッダ誕生の位置を示す石盤」の存在が示唆されていて、この石はブッダ誕生の場所を示す証拠となった。この発見を受けて、破損の激しい遺跡を埋めて保存するか、巡礼者や観光客のために整備するかの議論が交わされた結果、遺跡をおおうように新マヤ堂が建設されることになった。

★★★
聖園地区 *Sacred Garden Zone*

★★☆
新マヤ聖堂 *Maya Devi Temple*
アショカ王の石柱 *Asoka Pillar*
平和の火 *Eternal Peace Flame*
寺院地区 *Monastic Zone*

★☆☆
プスカリニ池 *Puskarini*
ネパール寺 *Nepal Buddha Temple*

紀元前3世紀のアショカ王の石柱、仏教を篤く信仰した

新マヤ聖堂、内部に遺跡が保存されている

絶えることなく燃える平和の火

アショカ王の石柱 ★★☆
Asoka Pillar　अशोक स्तंभ

　古代インドの名君として知られるマウリヤ朝アショカ王の石柱。紀元前3世紀に南アジア全域を支配したアショカ王は、「法」による統治を行ない、とくに仏教を篤く信仰した。ブッダゆかりの地へ巡礼し、その都度、石柱を建てたと伝えられる。ルンビニの石柱には「(アショカ王は)自らここに来り、親しく参拝した。ここでブッダ＝シャカムニが生誕せられたからである。それで石で馬像を造り、石柱を造立せしめた。ここで世尊が生誕せられたのを記念するためである」という碑文が記されている。アショカ王はブッダ誕生の地を記念して、この村に暮らす人々の租税を生産高の8分の1にまで減免したという。

玄奘の記録と一致

　アショカ王による石柱が発見された当時、高さ6mほどの石柱の半分は地中に埋まり、ふたつに折れてしまっていた。それこそインドを訪れた玄奘三蔵が記した「四天王捧太子窣堵波の側、遠からざる所に大きな石柱がある。上に馬の像が作ってある。無憂王が建てたものである。後に悪竜の雷鳴でその柱は中ほどから折れ地に倒れた」という詳細な記録と合致するもので、アショカ王の碑文とともにルンビニの存在を証明するものとなった。

プスカリニ池 ★☆☆
Puskarini　पुष्करिणी

　新マヤ堂のすぐ南に位置するプスカリニ池。ルンビニが「発見」されたとき、僧院跡とこのプスカリニ池だけがわずかに残っていた。マヤ夫人はブッダを出産する前にプスカリニ池で沐浴したと伝えられ、その水はブッダの産湯にも

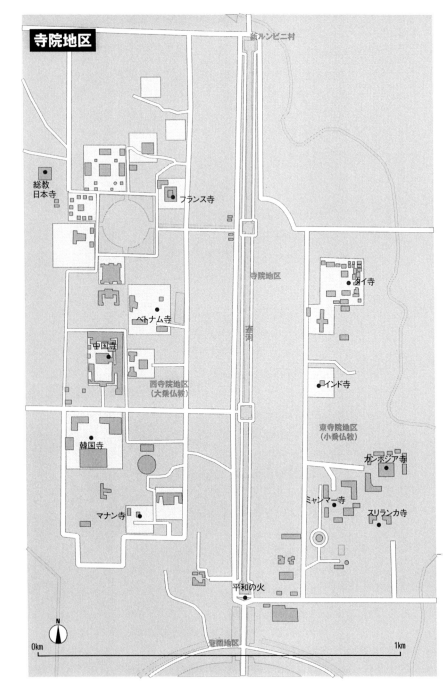

使われたという。現在の池の堤は20世紀になってから築かれた。

ネパール寺 ★☆☆
Nepal Buddha Temple नेपाल मन्दिर

　チベット寺とならんで聖園地区のなかにあるネパール寺。本堂にはマヤ夫人が無憂樹に手をかけたときに、誕生したブッダのレリーフが飾られている。

平和の火 ★★☆
Eternal Peace Flame／अनन्त शान्ति ज्वाला

　円形の聖園地区の北側に位置する平和の火。平和への願いを象徴する炎で、この火は24時間365日絶えることなく燃え続けるという。この平和の火を起点に水路が北に伸び、その両側に各国寺院が配されている。

寺院地区 ★★☆
Monastic Zone／मोनास्टिक जिल्ला

　聖園地区の北側に整備された各国の寺院地区。ブッダ生誕の地のネパールの寺とインドではついえた仏教の伝統を受け継ぐチベットの寺は聖園地区内にあるが、それ以外の仏教国の寺院はこの寺院地区に建てられている。中心の水

★★★
聖園地区 *Sacred Garden Zone*
★★☆
平和の火 *Eternal Peace Flame*
寺院地区 *Monastic Zone*
★☆☆
新ルンビニ村（バザール） *New Lumbini Village*

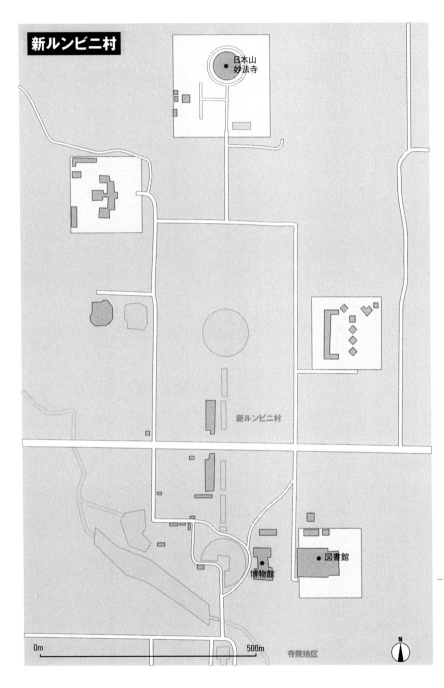

路を軸に東側がミャンマー、スリランカ、タイなどの小乗仏教(南伝仏教)の国々、西側が中国、韓国、ベトナム、日本など大乗仏教(北伝仏教)の国々の寺院となっている。各国寺はそれぞれに特徴があり、宿泊施設も併設されている。

新ルンビニ村(バザール) ★☆☆
New Lumbini Village／नयाँ लुम्बिनी भिलेज

　20世紀になるまで、ヒンドゥー教徒やイスラム教徒が暮らす小さな集落が見られるだけだったルンビニ。国連とネパール政府による再開発計画で、仏教聖地として整備され、多くの巡礼者が集まるようになった。ルンビニの開発にあたって、聖園地区の北側に新ルンビニ村が整備され、寺院地区の南北の動線と直角に交わるようにバザールがととのえられた。市の立つ日には周辺の農村からも人々が集まるほか、図書館、ルンビニ博物館が位置する。

日本山妙法寺 ★☆☆
Japanese World Peace Pagoda／विश्व शान्ति स्तूप

　寺院地区のさらに北側に位置する日本山妙法寺。この寺院は日蓮宗の一派のもので、うちわ太鼓を叩きながら「南無妙法蓮華経」と題目を唱えるおつとめが行なわれている。

★★☆
寺院地区 Monastic Zone
★☆☆
新ルンビニ村(バザール) New Lumbini Village
日本山妙法寺 Japanese World Peace Pagoda

聖園地区に立つチベット寺

「法(ダルマ)の王」アショカ

紀元前3世紀に南アジア全域を支配したマウリヤ朝のアショカ王(在位紀元前268〜前232年)。王は99人の異母兄弟を殺して王位に就き、オリッサを征服するためのカリンガ戦争では、10万人が死にその数倍が疫病などで生命を落としたという。そのとき戦争の悲惨さを痛感したアショカ王は、名もない仏教僧の説法に心打たれ、武力による征服や統治をやめ、ダルマ(法)による政治を行なうことを決めた。こうしてアショカ王は、ブッダの死後、8つの国に分納された仏舎利をとり出し、新たに8万4000のストゥーパを建立して再分納した。王は仏教のほかにもバラモン教、ジャイナ教などすべての宗教を篤く保護したことから、ダルマ・アショカ(法阿育)と呼ばれるようになった。この時代の版図は現在のインドよりも大きかったとされる。

悲劇の王子ビルリと釈迦族の滅亡

釈迦族は武勇と伝統で知られていたが、コーサラ国に従属していたため、その圧力を強く受けていた。あるときのこと、コーサラ国の王が「釈迦族の王女を妃に迎えよう」と提案すると、釈迦族は王女ではない賤しい身分の女を王女といつわってコーサラ国に送った。やがて、コーサラ王と彼女のあいだに王子が生まれ、ビルリと名づけられた。ビルリが母の故郷である釈迦族の国を訪れたとき、「賤しい身分の子供である」と悪口を受けた。すべての事実を知らされたビルリは怒り、三度にわたって釈迦族を滅亡させるために兵を出したが、ことごとくブッダの説得で思いとどまった。しかしブッダの説得もむなしく、四度目の遠征で釈迦族はコーサラ国に滅ぼされることになった。

日本山妙法寺、印象的な白のストゥーパ様式

古い遺跡を再整備するかたちで聖園地区や寺院地区がつくられた

「天上天下唯我独尊」と唱えるブッダ、ネパール寺にて　　ここでブッダが生まれた、石碑はガラスでおおわれている

Shakya Zoku No
釈迦族の王城カピラ城

ブッダが少年時代を過ごした王城カピラヴァストゥ
ティラウラコットは、ピプラワとならぶ有力なその候補地
ブッダが生きた時代の古代インド世界がよみがえる

カピラヴァストゥ時代のブッダ

　のちにブッダ(「目覚めた人」)となるゴータマ・シッダルタは、出家するまで釈迦族の王城カピラヴァストゥで過ごしていた。この王宮にはブッダのためにつくられた蓮池の庭があり、踊りがふる舞われ、絶えず音楽が奏でられていたという。シッダルタは幼いころから、学問、教養などを習得し、身のまわりの世話は従者が行なうなど何不自由なく暮らしていたと伝えられる。物質的に恵まれた生活のなか、「生老病死」という人間にとってさけることのできない運命に悩み、シッダルタは29歳のときカピラヴァストゥを後にすることを決めた(「生老病死」はシッダルタが四方の門から出て、それぞれ病や老いに苦しむ人々を見るという説話で象徴的に語られている)。

ふたつの候補地

　ブッダが出家するまでのあいだ過ごした釈迦族の王城カピラヴァストゥ。長い歴史のなかでカピラヴァストゥは荒廃し、ルンビニとともに忘れ去られていた。19世紀末、ブッダ生誕の地ルンビニの場所が確定され、その位置をもとに、カピラヴァストゥ探しが本格化し、「ルンビニの西23kmに

色とりどりのタルチョがはためく

灼熱のタライ地方でブッダは生まれ育った

位置する」という玄奘の記述に合致するティラウラコット（ネパール）からブッダ時代のコインが発掘された。ところが玄奘よりも先にこの地を訪れた法顕は、「ルンビニの西15kmにカピラヴァストゥが位置する」と記しており、ネパール領からわずか1km南のその場所ピプラワ遺跡（インド）からは「ブッダの舎利容器」（と推定されるもの）が発見された。こうした事情からネパール政府はティラウラコット、インド政府はピプラワを「カピラヴァストゥだ」と主張している。

中国の仏僧が見たカピラヴァストゥ

　7世紀にこの地を訪れた玄奘三蔵は、「煉瓦を積みあげて作ってあり、基礎はなお高く堅固である。荒れはててすでに久しく、人の住む所も稀である」「箭泉より東北へ行くこと八、九十里で臘伐尼（ルンビニ）林に至る」と荒廃したカピラヴァストゥの様子を描いている。一方、玄奘よりも200年前の5世紀にカピラヴァストゥを訪れた法顕は「ここから東行一由延べたらずでカピラヴァストゥ〈迦維羅衛〉城に至る。この城中にはすべて王民なく、はなはだ荒れはてている。ただ衆僧と民戸が数十家あるのみである」という記述を残している。玄奘と法顕の記録には、ブッダの父浄飯王の像がまつってあることをはじめとして、10以上も似た描写が見られる。そのためふたりが訪れた城は同じものだと言われていて、カピラヴァストゥからルンビニへの距離が異なることから（玄奘ルンビニの西23km、法顕西15km）、説が国境をはさんでわかれることになった。

Kapilavastu
カピラ城城市案内

釈迦族の王城カピラヴァストゥ跡に目されるティラウラコット
周囲にはブッダの生きた時代の遺構が点在する
古代インド世界を感じる旅

ティラウラコット遺跡 ★★☆
Tilaurakot／तिलौराकोट

　ティラウラコットはブッダが少年時代から出家するまでのあいだを過ごした王宮カピラヴァストゥに推測される都市遺跡で、生誕の地ルンビニから西25kmに位置する。インドの考古学者ムケルジーによって発見された城郭跡は、東西450m、南北550mからなる。この遺跡上部で見られる基壇は2世紀のクシャン時代のものだが、その下層部からはブッダが生きた紀元前5世紀ごろのマガタ国のコインも出土している。この遺跡からは8つの遺構が明らかにされていて、城郭跡の北東300mの場所にはストゥーパも見られる。玄奘が『大唐西域記』に記したルンビニからの距離に一致するため、カピラヴァストゥの候補地のひとつとなっている。

双子仏塔 ★☆☆
Jori Stupa／दिन स्तूप

　紀元前3世紀ごろのマウリヤ朝時代のものだという双子仏塔。またブッダの両親シュッドーダナ(浄飯)王とマヤ夫人を火葬した場所だとも言われている。

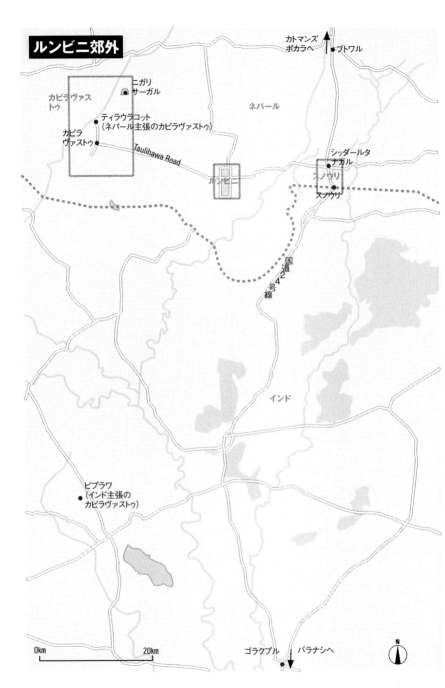

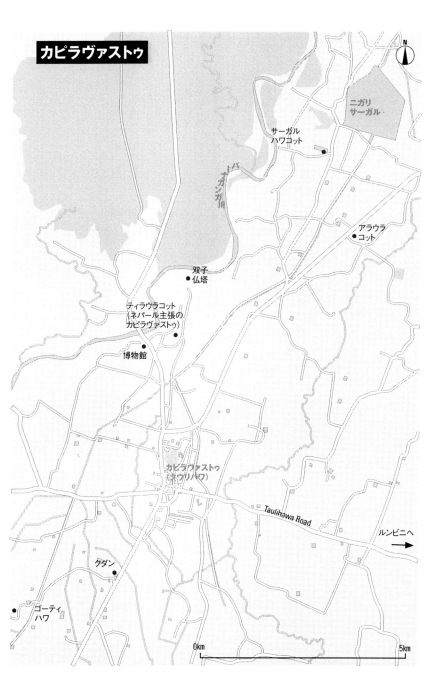

博物館 ★☆☆
Museum／कपिलवस्तु संग्रहालय

　ティラウラコットから発掘された遺品がならぶ博物館。銀や銅のコイン、アクセサリー、土器などが見られる。

ニガリサーガル ★☆☆
Niglisagar／निगलीहावा

　ティラウラコットから東北10kmに位置するニガリサーガル。この池のほとりにはアショカ王碑文が残り、ふたつの折れた柱身にはブラフミー文字で「カナカムニ仏の生誕地である」と記されている。カナカムニ仏はゴータマ・ブッダ以前に存在したという神話上の7つのブッダのひとりで(第5番目にあたる)、アショカ碑文のそばにまつられている。

★★★
ルンビニ Lumbini
★★☆
ティラウラコット遺跡 Tilaurakot
シッダールタナガル（バイラワ） Siddharthanagar
スノウリ Sunauli
★☆☆
双子仏塔 Jori Stupa
博物館 Museum
ニガリサーガル Niglisagar
サーガルハワコット Sagarkhawakot
バーナガンガ川 Banaganga
カピラヴァストゥ Kapilavastu
クダン Kudan
ゴーテハワ村 Gotikawa
ブトワル Butwal

サーガルハワコット ★☆☆
Sagarkhawakot　सागरहवा

　ティラウラコットから北東5.5kmに位置するサーガルハワコット。釈迦族滅亡の地だと推定されており、大きな池と仏塔跡が残っている。

バーナガンガ川 ★☆☆
Banaganga／दाणगेगा

　「森の中のガンジス」を意味するバーナガンガ川。この地の人々には「美しい娘」と親しまれ、この河はカピラヴァストゥ近くを流れていたというバギラティ川に比定されている。

カピラヴァストゥ ★☆☆
Kapilavastu／कपिलवस्तु

　ティラウラコットへの足がかりとなる街カピラヴァストゥ（タウリハワ）。カピラヴァストゥ県でもっとも大きな街で、13世紀以降、イスラム勢力によって荒廃した後、19世紀になってから復興した。ルンビニから27kmに位置する。

クダン ★☆☆
Kudan　कुदान

　マンゴー樹林が育ち、仏塔や僧院跡、煉瓦積みの塚が残るクダン。悟りを開いたブッダを故郷に迎えるため、父のシュッドーダナ（浄飯）王が築いたと伝えられる（ブッダは一度はカピラヴァストゥを捨てた身だった）。200人の弟子を連れたブッダは、ここで500人の釈迦族を教化したという。

ゴーテハワ村 ★☆☆
Gotihawa／गोतीहावा

　アショカ王が建立した折れた石柱と煉瓦積みの仏塔が残るゴーテハワ村。この村のアショカ王の石柱はクラクチャンダ仏のために建てたものだと推定されている。

少しの距離ならばリキシャが役立つ

Around Sunauli
スノウリ城市案内

インドとの国境の街スノウリ
そこから北にはルンビニへの足がかりとなるシッダールタナガルがある
灼熱のタライ平原を進む旅

シッダールタナガル(バイラワ) ★★☆
Siddharthanagar सिद्धार्थनगर

　「ネパールの穀倉帯」と呼ばれるタライ地方の中心地にあたるシッダールタナガル(バイラワ)。インド国境からわずか5km北に位置し、ブッダ生誕の地ルンビニや釈迦国の王城跡と目されるティラウラコットへの足がかりとなる。タライ平原で収穫される米、大豆、トウモロコシなどの農産物の集散地でもあり、大量の物資が行き交う対インド貿易の拠点にもなっている。バイラワと通称されるが、街の正式名称はシッダールタナガル(シッダルタの街)という。

シッダールタナガルへの改名

　20世紀になるまでブッダの生誕地ルンビニは寒村に過ぎず、一般の人々にはほとんど注目されることはなかった。バイラワはこのルンビニ近くの最大の街で、仏教の創始者ブッダの生誕地への玄関口としてふさわしい街であるべく、シッダールタナガル(「シッダルタの街」)と名づけられることになった。ナガルとはネパール語で「街」を意味し、ほかにもビラトナガル、マヘンドラナガルなどが知られるが、長年親しまれてきたバイラワが通称となっている。

ルンビニと日本人の関わりは深い

2500年のときが仏教でつながる

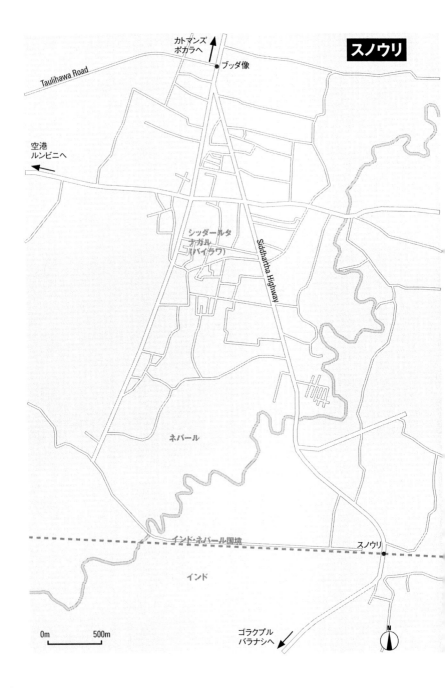

スノウリ ★★☆
Sunauli／सोनौली

　ネパールとインドの国境の街スノウリ。ネパール山間部とインド平原を結ぶシッダルタ・ハイウェイの両脇に開けた街で、人の往来もはげしい。また使う紙幣が代わるが、ネパール南部にはインド系住民が多く暮らしているため、言語や文化などはさほど変化がないことも特徴となっている。この国境の北の道はヒマラヤ山岳地帯へつながり、南の道はヒンドゥー教聖地バラナシへと続く。

ブトワル ★☆☆
Butwal／बुटवल

　ブトワルは、インドからバイラワを通ってポカラへと続くシッダルタ・ハイウェイの途上にある街。タライ平原とネパール山間部の境界線となっているところで、これより南はインド映画のポスターなど、インド文化の影響が強く、北は山国の面影が強くなってくる（かつてグルカ兵擁するネパール軍が、北進するイギリス東インド会社軍を破った場所でもある）。またこの街のネパール子ども病院の設計は、日本人建築家安藤忠雄氏によることでも知られる。

★★☆
シッダールタナガル（バイラワ） Siddharthanagar
スノウリ Sunauli

釈迦族と稲作

　釈迦族の勢力範囲にあったと考えられるバイラワ近郊。ブッダの父はシュッドーダナ(浄飯王)といい、釈迦族の王族の名前が「飯を浄める(洗う)」を意味するということは、ブッダの時代から稲作が盛んで、米が釈迦族にゆかりある食べものだったことを示唆している(稲作は今から1万2000年ごろ前に長江中流域ではじまったとされ、雲南省、アッサムからネパール南部、インド北部に伝播してきた)。シッダールタナガルで見られる稲の品種はインディカ米だが、この地域の遺跡からはジャポニカ米の残滓も発見されているという。

物資を載せたバスが走る、ここからヒマラヤへ駆けあがっていく

インドとネパールを結ぶ街スノウリ

ここはブッダが生まれたまさにその場所だという

ルンビニへ続く道、砂塵が舞う

Yondai Seichi
四大聖地とブッダの肖像

インドから中央アジア、中国を経て日本に伝来した仏教
この宗教が生まれたのは、今から2500年も昔の古代インド
ブッダは灼熱の大地に生き、人々を教化しながら一生を過ごした

仏教誕生の機運、ブッダ生誕

　ブッダの誕生した紀元前5世紀ごろのインド世界は、大きな時代の転換期にあった。鉄器の普及で農業生産力があがり、商工業が発達して貨幣経済が生まれて都市国家が確立されはじめていた。サンスクリット語で「最果ての地」を意味するルンビニはインド北方の辺境にあたり、ゴータマ・シッダルタは小国の釈迦族の王子として生まれた。シッダルタは何不自由なく育ったが、心の底に満たされぬ想いを抱いていた。シッダルタが14歳のとき、郊外の遊園に行くために城門を出ようとすると、東の城門外では「老人」に会い、南の城門外では「病人」に会い、西の城門外では「死者の屍」を見た。最後に彼は出家者の円満な様子を目にしたという（「四門出遊」の説話）。29歳になったシッダルタは、苦しみからの解脱を求めて王城カピラヴァストゥをあとに出家した。

菩提樹のもとで開いた悟り

　当時のインドには、バラモン（司祭者）を頂点とし、クシャトリヤ（王侯貴族）、ヴァイシャ（平民）、シュードラ（隷属的労働者）へと身分が続くヴァルナ制度が根づいていた。そして苦

悟りを開いてブッダとなったブッダガヤ（インド）

天上天下唯我独尊、生まれたばかりのブッダは言った

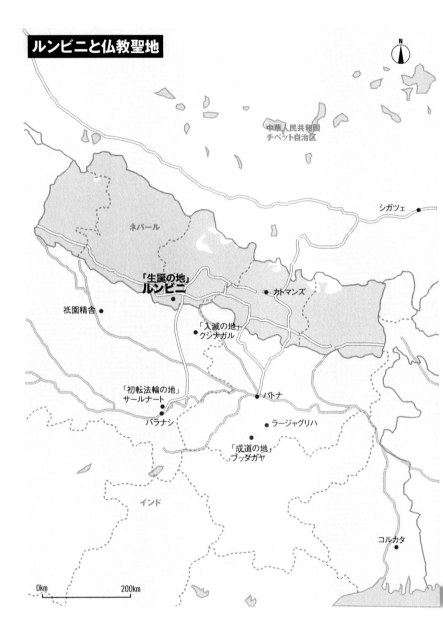

しみに満ちたこの世から解脱するためにはバラモンによる祭祀が必要とされていた。シッダルタはまずマガタ国の都市ラージャグリハ(王舎城)へと向かい、バラモンや自由思想家たちにふれたが、どの教えも彼を満足させることはなかった。その結果、仲間とともに6年間に渡ってブッダガヤ近くで苦行に励んだ。しかし、そのやりかたでは解脱することができないと判断し、苦行をやめたシッダルタは、近くの村のスジャータからの乳粥を飲んで衰弱した体力を回復させた。そして菩提樹のしたで瞑想をはじめ、ついに悟りを開き、「目覚めた人」を意味するブッダとなった(ブッダの悟りの内容は、「縁起の理法」だと言われる)。

初転法輪、仏教教団の萌芽

　悟りを開いてブッダとなったシッダルタは、かつて苦行をともにした5人の住むバラナシ郊外のサールナート(鹿野苑)へと向かった。当初は苦行を投げ出したシッダルタを軽蔑していた5人だったが、彼らは「中道」「正しい見解、思考、言葉、行為、生活、努力、念慮、三昧に代表される八正道」を説いたブッダにたちまち帰依し、ここに仏教教団が誕生した。ブッダは自らの新しい考えをあえてバラモン教の聖地の近くではじめて話したと言われる。こうして徐々に弟子を増やしていったブッダは、雨季にはひとつの場所(竹林精舎や祇園精舎)に滞在し(雨安居)、またガンジス河流域を旅しながら、修行と教化の日々を過ごしていた。「修行することで誰でも悟りを開くことができる」というブッダの教えは、都市部を中心に、王族、商人、下層民などから信仰されるようになった。

バラナシ近くのサールナートではじめて説法を行なった

入滅、ニルヴァーナへ

　35歳で悟りを開いてから40数年、ブッダは弟子のアーナンダをともなって竹林精舎から生まれ故郷のカピラヴァストゥを目指して旅立った。すでに80歳の高齢だったブッダは旅の途中で体調を崩し、クシナガルの地で最後の時を迎えようとしていた。輪廻転生の苦から解脱し、涅槃の境地に達していたため安らかな死だった。ブッダが亡くなったとき、沙羅双樹の花がその身体に降り注いだという。ブッダの遺体は茶毘にふされたあと、8か国の塔（ストゥーパ）におさめられた。ブッダの教えは、その後、インドではヒンドゥー教に吸収されてしまったが、長い時間をかけてアジア全域に広がり、現在ではキリスト教、イスラム教とならぶ世界宗教となっている。

参考文献

『ブッダ大いなる旅路』(日本放送出版協会)
『世界の歴史古代インドの文明と社会』(山崎元一/中央公論社)
『仏陀を歩く』(白石凌海/講談社)
『現代の建築家丹下健三』(鹿島出版会)
『ネパール・ルンビニ開発計画』(小野啓子/地域開発)
『釈迦の故城を探る』(中村瑞隆/雄山閣出版)
『大唐西域記』(玄奘/平凡社)
『法顕伝・宋雲行紀』(長沢和俊/平凡社)
『Lumbini beckons』(Bidari, Basanta Vivekananda/Basanta Bidari)
『世界大百科事典』(平凡社)
OpenStreetMap
(C)OpenStreetMap contributors

まちごとパブリッシングの旅行ガイド
Machigoto INDIA , Machigoto ASIA , Machigoto CHINA

北インド-まちごとインド

- 001 はじめての北インド
- 002 はじめてのデリー
- 003 オールド・デリー
- 004 ニュー・デリー
- 005 南デリー
- 012 アーグラ
- 013 ファテープル・シークリー
- 014 バラナシ
- 015 サールナート
- 022 カージュラホ
- 032 アムリトサル

西インド-まちごとインド

- 001 はじめてのラジャスタン
- 002 ジャイプル
- 003 ジョードプル
- 004 ジャイサルメール
- 005 ウダイプル
- 006 アジメール(プシュカル)
- 007 ビカネール
- 008 シェカワティ
- 011 はじめてのマハラシュトラ
- 012 ムンバイ
- 013 プネー
- 014 アウランガバード
- 015 エローラ
- 016 アジャンタ
- 021 はじめてのグジャラート
- 022 アーメダバード
- 023 ヴァドダラー(チャンパネール)
- 024 ブジ(カッチ地方)

東インド-まちごとインド

- 002 コルカタ
- 012 ブッダガヤ

南インド-まちごとインド

- 001 はじめてのタミルナードゥ
- 002 チェンナイ
- 003 カーンチプラム
- 004 マハーバリプラム
- 005 タンジャヴール
- 006 クンバコナムとカーヴェリー・デルタ
- 007 ティルチラパッリ
- 008 マドゥライ
- 009 ラーメシュワラム
- 010 カニャークマリ
- 021 はじめてのケーララ
- 022 ティルヴァナンタプラム
- 023 バックウォーター(コッラム〜アラップーザ)
- 024 コーチ(コーチン)
- 025 トリシュール

ネパール-まちごとアジア

001 はじめてのカトマンズ
002 カトマンズ
003 スワヤンブナート
004 パタン
005 バクタプル
006 ポカラ
007 ルンビニ
008 チトワン国立公園

バングラデシュ-まちごとアジア

001 はじめてのバングラデシュ
002 ダッカ
003 バゲルハット(クルナ)
004 シュンドルボン
005 プティア
006 モハスタン(ボグラ)
007 パハルプール

パキスタン-まちごとアジア

002 フンザ
003 ギルギット(KKH)
004 ラホール
005 ハラッパ
006 ムルタン

イラン-まちごとアジア

001 はじめてのイラン
002 テヘラン
003 イスファハン
004 シーラーズ
005 ペルセポリス
006 パサルガダエ(ナグシェ・ロスタム)
007 ヤズド
008 チョガ・ザンビル(アフヴァーズ)
009 タブリーズ
010 アルダビール

北京-まちごとチャイナ

001 はじめての北京
002 故宮(天安門広場)
003 胡同と旧皇城
004 天壇と旧崇文区
005 瑠璃廠と旧宣武区
006 王府井と市街東部
007 北京動物園と市街西部
008 頤和園と西山
009 盧溝橋と周口店
010 万里の長城と明十三陵

天津-まちごとチャイナ

001 はじめての天津
002 天津市街
003 浜海新区と市街南部
004 薊県と清東陵

上海-まちごとチャイナ

001 はじめての上海
002 浦東新区
003 外灘と南京東路
004 淮海路と市街西部

005 虹口と市街北部
006 上海郊外（龍華・七宝・松江・嘉定）
007 水郷地帯（朱家角・周荘・同里・甪直）

河北省-まちごとチャイナ

001 はじめての河北省
002 石家荘
003 秦皇島
004 承徳
005 張家口
006 保定
007 邯鄲

江蘇省-まちごとチャイナ

001 はじめての江蘇省
002 はじめての蘇州
003 蘇州旧城
004 蘇州郊外と開発区
005 無錫
006 揚州
007 鎮江
008 はじめての南京
009 南京旧城
010 南京紫金山と下関
011 雨花台と南京郊外・開発区
012 徐州

浙江省-まちごとチャイナ

001 はじめての浙江省
002 はじめての杭州
003 西湖と山林杭州
004 杭州旧城と開発区
005 紹興
006 はじめての寧波
007 寧波旧城
008 寧波郊外と開発区
009 普陀山
010 天台山
011 温州

福建省-まちごとチャイナ

001 はじめての福建省
002 はじめての福州
003 福州旧城
004 福州郊外と開発区
005 武夷山
006 泉州
007 厦門
008 客家土楼

広東省-まちごとチャイナ

001 はじめての広東省
002 はじめての広州
003 広州古城
004 天河と広州郊外
005 深圳（深セン）
006 東莞
007 開平（江門）
008 韶関
009 はじめての潮汕
010 潮州
011 汕頭

遼寧省-まちごとチャイナ

001　はじめての遼寧省
002　はじめての大連
003　大連市街
004　旅順
005　金州新区
006　はじめての瀋陽
007　瀋陽故宮と旧市街
008　瀋陽駅と市街地
009　北陵と瀋陽郊外
010　撫順

重慶-まちごとチャイナ

001　はじめての重慶
002　重慶市街
003　三峡下り（重慶〜宜昌）
004　大足
005　重慶郊外と開発区

四川省-まちごとチャイナ

001　はじめての四川省
002　はじめての成都
003　成都旧城
004　成都周縁部
005　青城山と都江堰
006　楽山
007　峨眉山
008　九寨溝

香港-まちごとチャイナ

001　はじめての香港
002　中環と香港島北岸
003　上環と香港島南岸
004　尖沙咀と九龍市街
005　九龍城と九龍郊外
006　新界
007　ランタオ島と島嶼部

マカオ-まちごとチャイナ

001　はじめてのマカオ
002　セナド広場とマカオ中心部
003　媽閣廟とマカオ半島南部
004　東望洋山とマカオ半島北部
005　新口岸とタイパ・コロアン

Juo-Mujin（電子書籍のみ）

Juo-Mujin香港縦横無尽
Juo-Mujin北京縦横無尽
Juo-Mujin上海縦横無尽
Juo-Mujin台北縦横無尽
見せよう! 上海で中国語
見せよう! 蘇州で中国語
見せよう! 杭州で中国語
見せよう! デリーでヒンディー語
見せよう! タージマハルでヒンディー語
見せよう! 砂漠のラジャスタンでヒンディー語

自力旅游中国Tabisuru CHINA

001　バスに揺られて「自力で長城」
002　バスに揺られて「自力で石家荘」
003　バスに揺られて「自力で承徳」
004　船に揺られて「自力で普陀山」
005　バスに揺られて「自力で天台山」
006　バスに揺られて「自力で秦皇島」
007　バスに揺られて「自力で張家口」
008　バスに揺られて「自力で邯鄲」
009　バスに揺られて「自力で保定」
010　バスに揺られて「自力で清東陵」
011　バスに揺られて「自力で潮州」
012　バスに揺られて「自力で汕頭」
013　バスに揺られて「自力で温州」
014　バスに揺られて「自力で福州」
015　メトロに揺られて「自力で深圳」

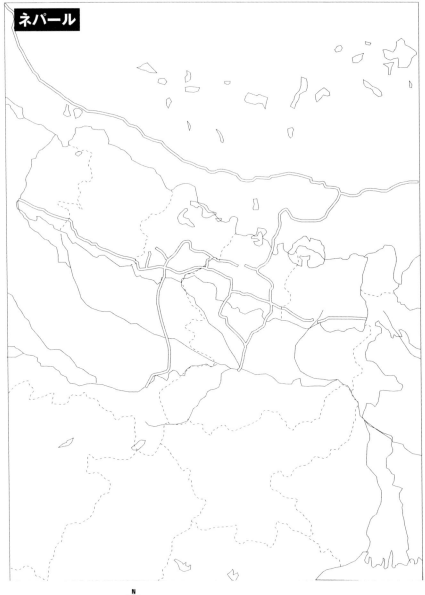

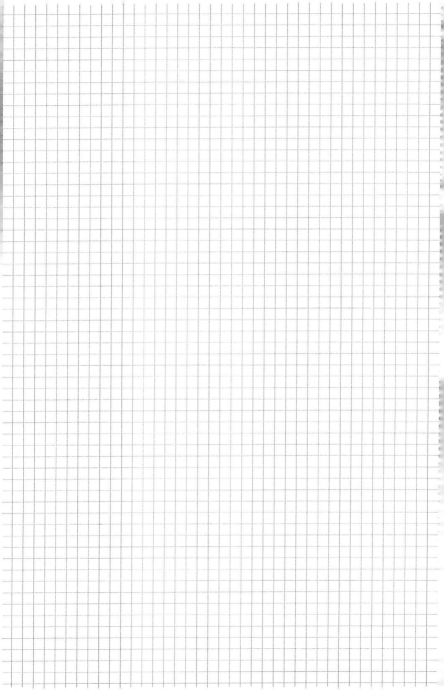

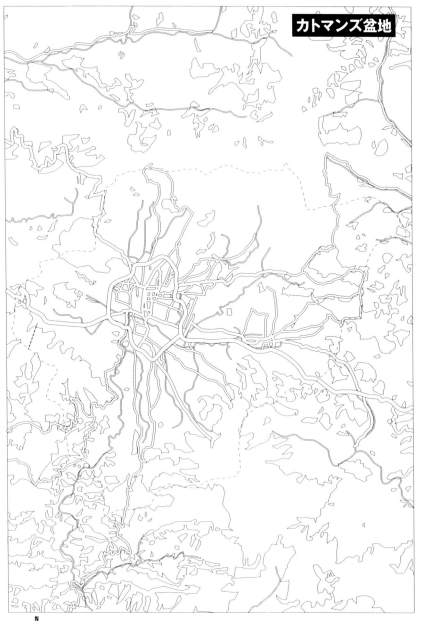

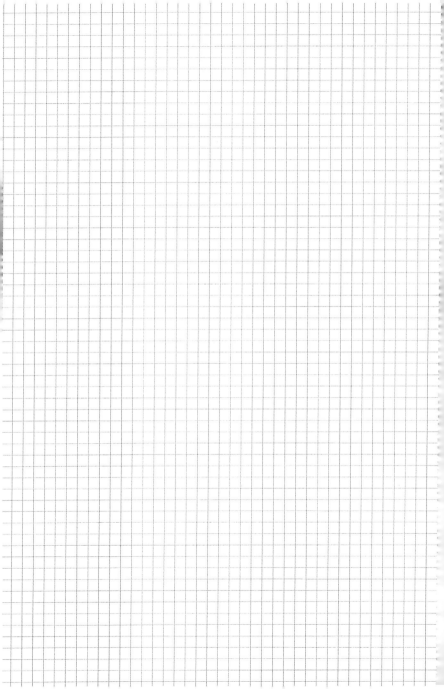

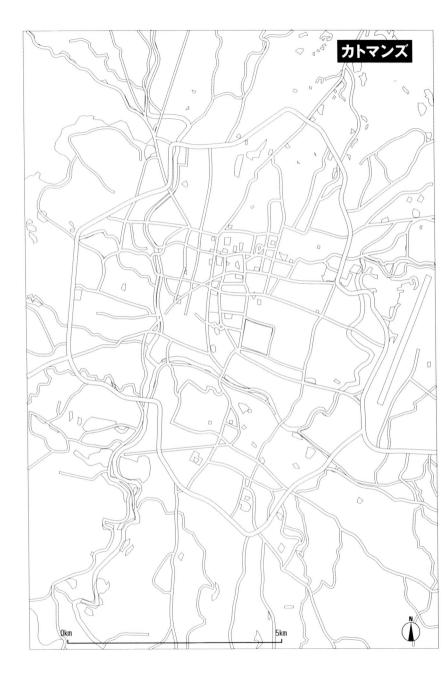

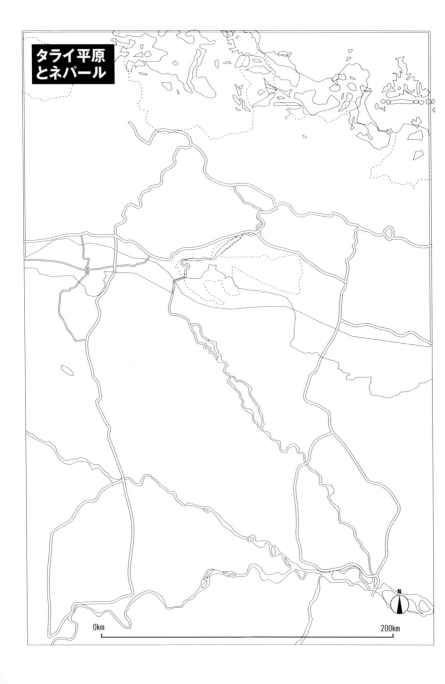

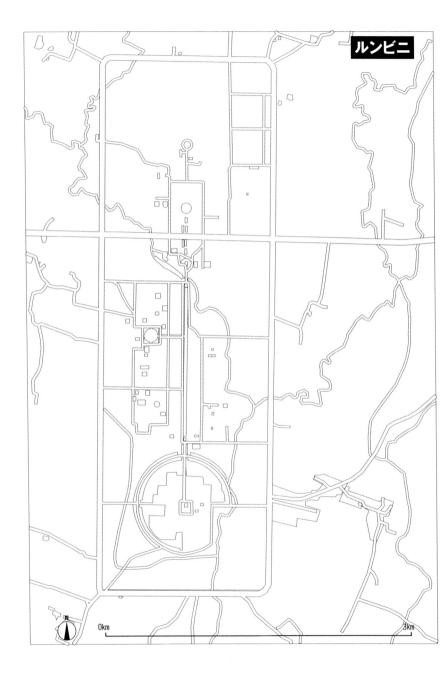

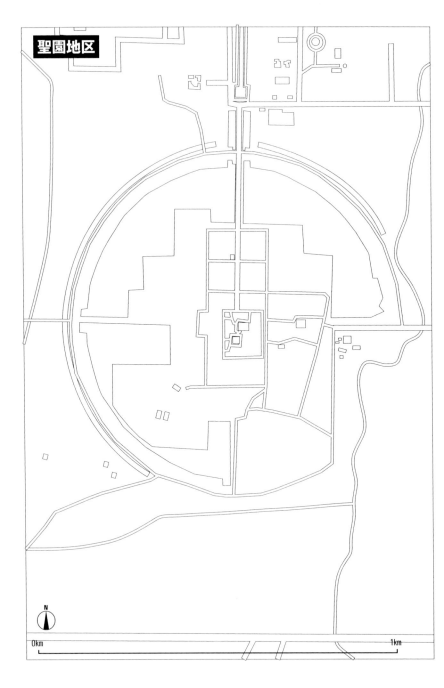

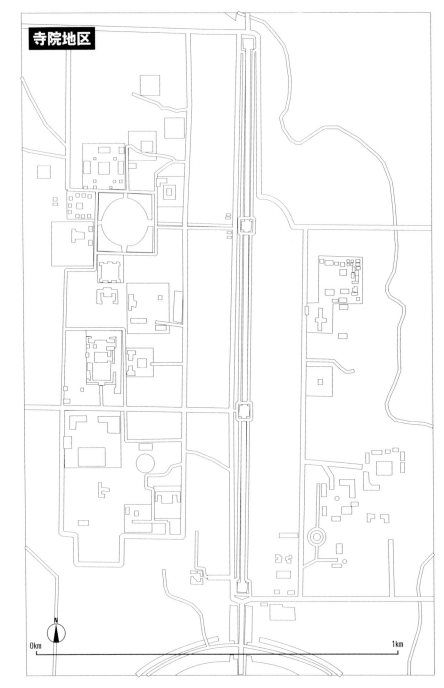

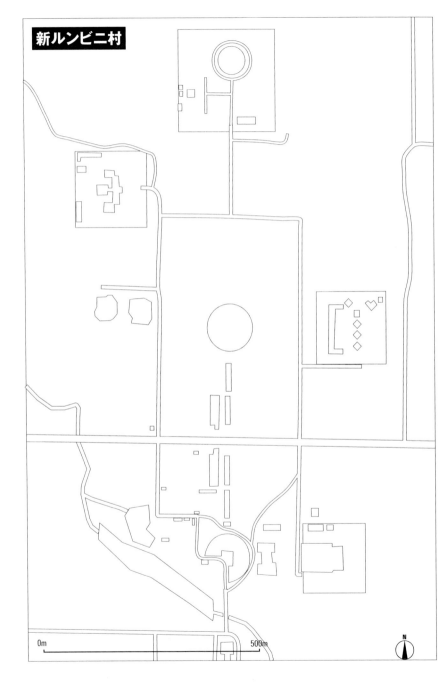

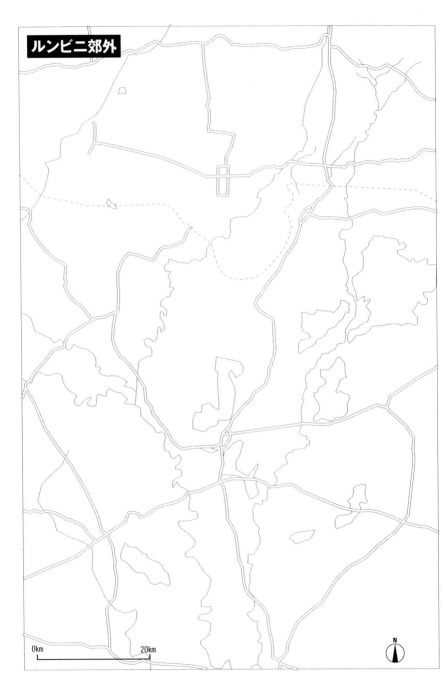

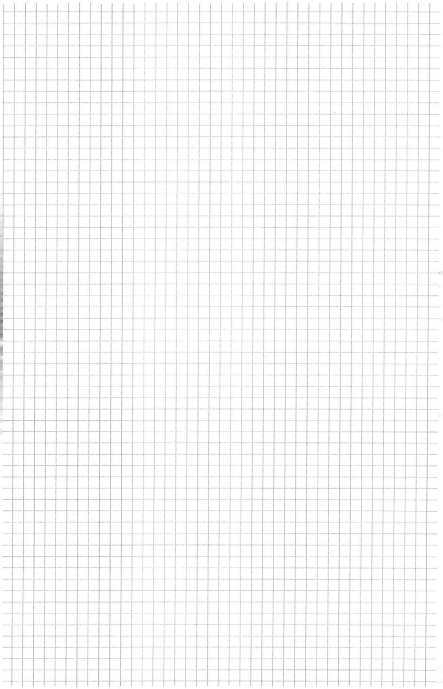

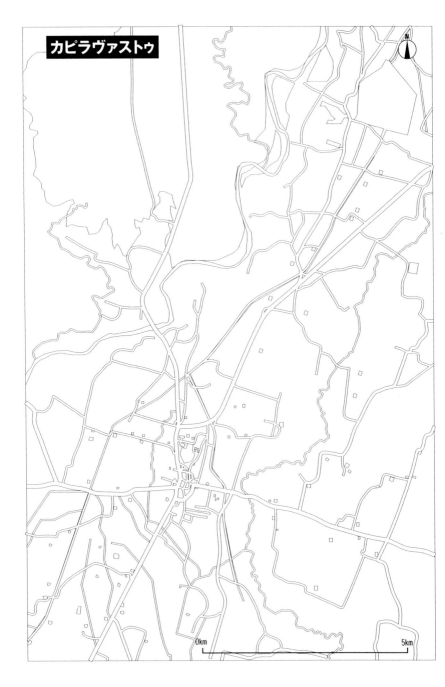

カピラヴァストゥ

【車輪はつばさ】
南インドのアイラヴァテシュワラ寺院には
建築本体に車輪がついていて
寺院に乗った神さまが
人びとの想いを運ぶと言います

An amazing stone wheel of the Airavatesvara Temple
in the town of Darasuram, near Kumbakonam in the South India

**まちごとアジア
ネパール 007**

ルンビニ
ブッダ「生誕の地」
［モノクロノートブック版］

**「アジア城市（まち）案内」制作委員会
まちごとパブリッシング
http://machigotopub.com**

・本書はオンデマンド印刷で作成されています。
・本書の内容に関するご意見、お問い合わせは、発行元の
　まちごとパブリッシング info@machigotopub.com までお願いします。

まちごとアジア
新版ネパール007ルンビニ
〜ブッダ「生誕の地」

2019年 11月12日　発行

著　者	「アジア城市（まち）案内」制作委員会
発行者	赤松　耕次
発行所	まちごとパブリッシング株式会社
	〒181-0013　東京都三鷹市下連雀4-4-36
	URL http://www.machigotopub.com/
発売元	株式会社デジタルパブリッシングサービス
	〒162-0812　東京都新宿区西五軒町11-13
	清水ビル3F
印刷・製本	株式会社デジタルパブリッシングサービス
	URL http://www.d-pub.co.jp/

MP232

ISBN978-4-86143-380-1 C0326　　　Printed in Japan
本書の無断複製複写（コピー）は、著作権法上での例外を除き、禁じられています。